JN418499

처음이라
괜찮아

처음이라 괜찮아

초판 1쇄 발행 2025년 1월 6일

지은이 조양선
펴낸이 장길수
펴낸곳 지식과감성#
출판등록 제2012-000081호

교정 이주희
디자인 강샛별
편집 강샛별
검수 김나현, 이현
마케팅 김윤길, 정은혜

주소 서울시 금천구 벚꽃로298 대륭포스트타워6차 1212호
전화 070-4651-3730~4
팩스 070-4325-7006
이메일 ksbookup@naver.com
홈페이지 www.knsbookup.com

ISBN 979-11-392-2332-3(03810)
값 11,000원

지식과감성#
홈페이지 바로가기

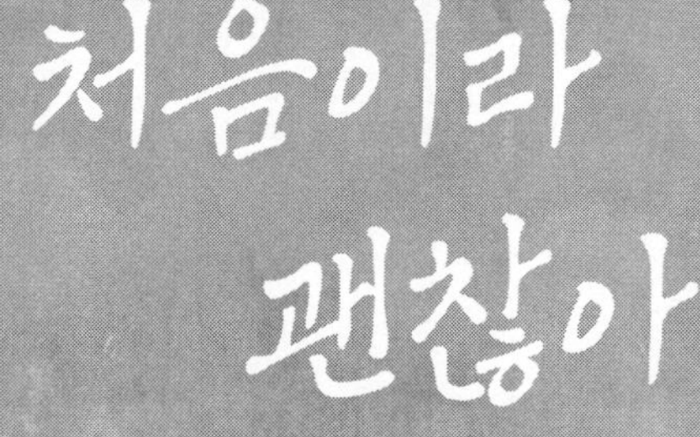

조양선 지음

지식과감성#

시인의 말

문학이라는 말에 시집을 내면서
심쿵합니다.
신춘문예지에 시를 제출하고
당선과 등단이라는 소식에 힘입어
시로 말하고 싶은 어리숙한
감정의 표현 방법일 수 있지만
시집
《처음이라 괜찮아》를 펴내게 되었습니다.
다소 부족한 시집일 수 있겠지만
사랑과 애정으로
읽어 주시면 감사하겠습니다.

2024년 11월 15일

해인(海印) 조양선 올림

목차

시인의 말 5

1부 괜찮아

행복을 주는 말 18
처음이라 괜찮아 19
배롱나무 20
추억 21
상처 22
눈물의 시 24
봄꽃 향기 25
파란 하늘 26
위로 27
습관 28
연탄불 29
기억을 훔치고 30
친구 31

둥굴레차 32
물안개 33
가시 34
흔적 35
와이퍼 36
쇼핑 37
인생은 그런 거야 38
눈동자 39
섬 40
꽃 알맹이 41
소식 42
오월 43
낚시 44
자전거 45
대화 46
가로등 47
소문난 집 48
편지 50
키다리 연필 51

창문 너머 52
이유 53
동전 한 닢 54
희망 55
회상 56
빨랫줄 57
신나는 바다 축제 58
둥글게 60
향기 61
문틈 사이로 62
강물처럼 흘러서 63
나이를 먹고 64
기찻길 65
꽃씨 66
비가 눈물이 되어 67
신발들이 외출을 한다 68
꿀처럼 달콤하게 69
선물 70

2부 말하지 않아도 돼

정을 주고 74
말하지 않아도 돼 75
짐 76
여정 77
비와 바람 그리고 우산 78
홍시 79
종착역 80
아버지 81
벚꽃 82
시곗바늘 84
촛불 85
애쓰지 말자 86
배꽃 87
엄마 품에서 88
얼굴 89
달빛 90

이 밤이 지나가면 91
꽃잎 92
평온 93
정화수 94
노을 96
먼지가 되어 97
다이어트 98
아카시아 99
가을처럼 익어 가자 100
단풍 101
너의 마음 102
출근길 103
맷돌 104
잠꼬대 105
횡단보도 106
청춘이 머물고 107
열심히 해야지 108
희망의 등대 109
고마운 사람 110

선인장	111
내 동생	112
허공	114
빨간 벽돌	115
동백꽃	116
고등어	118
조각난 집	119
설날	120
난로	122
무상	124
앙금앙금	125
비상구	126
하루를 보내며	127
지나고 보니	128
밤새는 줄 모르고	129
선재길	130

3부 모두 잊힐 테니까

밴댕이 소갈딱지 134

눈물의 의미 135

우리들의 행복한 밤 136

수국이 필 때 138

초승달이 뜨면 139

키조개 140

낙지랑 콩나물 141

비둘기 열차 142

어머니 143

꽃보다 아름다워 144

그리고 오늘 145

토요일 146

입맞춤 147

과일 이야기 148

유아차 149

올림픽 150

점심을 먹고 151
참외밭을 지나며 152
손 편지 153
비밀 154
모두 잊힐 테니까 155
사는 동안에 156
이중인격 157
얼마나 지났을까 158
열매 159
여백 160
길 161
고소한 봄 162
하얀 꽃 163
가슴에 안겨서 164
딸기 165
지금보다는 166
죽음 167
꿈의 이야기 168
얼룩진 손수건 169

가을바람 170
맥문동 171
백미 172
밤하늘 173
베네치아 174
그냥 좋다 175
그림 그리듯이 176
기다림 177
살아 보고서 178
명상 179
뜨거운 여름 180
오늘 181
소리샘 182

1부

괜찮아

행복을 주는 말

난
네가 참 좋다

웃음으로

나에게
행복을 주고

말 한마디로

날
웃게 해 주는

너의 그 모습이

처음이라 괜찮아

괜찮아 처음이니까

처음엔 실수도 하고
그러잖아

다음부터 잘하면 되지

처음부터 잘하면
재미없잖아

너무 잘하는 것보다
조금 부족한 것도 인간답잖아

배롱나무

빨간 콩알들이
달려 있다

그늘지게
줄기가 늘어져 있다

볼 빨간
그녀가 나에게 말한다

추억

하늘아 하늘아
비 좀 내려 주렴

내 맘 다 타버려
재만 남기 전에

구름아 구름아
어서 지나가렴

아파했던 슬픔
이제 그만 내려놓게

바람아 바람아
그만 불어 다오

간직하고픈 추억
다 날아가기 전에

상처

너의 말 한마디가

나의
아픔이 될 수 있다는 것을
넌 알고 있니

나의 아픔은

너의
고통이 될 수도 있다는 것을
넌 모르지

아픔의 상처는
시간이 약이지만

고통의 상처는
세월이 약이라는 것을

그것이

네가 모르는
너와 나의 차이야

눈물의 시

창문에 입김을 불어
시를 쓴다

흔적 없이 사라졌다

나의
눈물로 시를 대신한다

봄꽃 향기

봄꽃 향기가
콧등을 스치며
식도를 타고 들어온다

분홍 꽃 노랑 꽃 잎이
바람 타고 날아와
귓등을 간지럽힌다

겨울 내내 얼어 있던
마음도 봄기운에
슬며시 녹아내린다

파란 하늘

하늘을 보고
눈을 감았다

너무 아름다워
눈이 멀까 봐

흘러가는 구름
담아 두고 싶다

숨어 버릴까 봐

위로

아침에 마시는
커피 한잔이

마음을
따뜻하게 해 준다

우울했었는데
위로가 되었다

습관

우리는
당연한 것에 익숙하다

그 익숙함이
습관이 되어

당연한 것처럼 살아간다

연탄불

비 오는 날엔
뭐니 뭐니 해도
빈대떡에 막걸리가 최고지

비 오는 날엔
연탄불 피워 놓고
석쇠에 돼지껍데기가 최고지

비 오는 날엔
고기 굽는 냄새와

자욱한 연기 속에서
할 말 많은 친구들이 최고지

기억을 훔치고

소주 한 잔이
목젖을 적시고
오장을 흔들어 댄다

한잔 두잔
마셔 버린 술이
기억을 훔쳐 가고

몸뚱어리 활활
취기에 젖어
비틀거리고

세 치 혀 끝은
주절주절
한숨을 내뱉는다

친구

세월에
삶이 묻혀 가는 줄 모르고
잊고 살았다

만나면 추억의 향기를
피우려 했는데

아픈 곡소리로
향기를 피우고 말았다

그는 내 친구다

둥굴레차

구수한 냄새

구수한 빛깔

구수하게 마시면

마음도 구수해진다

물안개

물안개가 바람 위에
앉아 있다

은행나무 길을 따라
걸어가며 물안개를
만져 본다

하늘의 구름도
안개 속의 여운도

소리 없이
바람 따라 흘러간다

가시

붉은 너의 입술이
피로 물들었다

가시 돋친
너의 말 한마디가
살인을 저질렀다

흔적

바스락바스락

밟으면
부서지는 낙엽처럼

나에게 남은 흔적도

부서져
날아갔으면 좋겠다

와이퍼

다른 번호들을 달고
나란히 서 있다

일렬횡대 두 팔 벌려
키 순서는 아닌가 보다

날씨 좋은 날엔
차렷 자세이고

궂은 날씨엔
팔 운동을 한다

추운 날씨엔
두 팔 올려 벌을 서기도 한다

쇼핑

여자들의 즐거움 속에
남자들의 외로운 투쟁이다

기쁨으로 오고 가는
입담 속에
손짓하는 마네킹과 인사를 나눈다

이리저리
둘러보고 만져도 보고
몸에 걸쳐도 보고

그렇게 주머니의 속삭임은
작아져만 간다

인생은 그런 거야

인생은 그런 거야

먹다 남은 빵 한 조각처럼
미련도 있고

씹다 버린 껌처럼

단물 다 빼 먹고
홱 뱉어 버리는 그런 거지

눈동자

빛나는 것이
어찌 보석뿐이더냐

밤에 뜨는 별들도
빛나고

너의
눈동자도 빛나는 것을

섬

푸른 내 등 위에
쉬었다 간 갈매기야

파도가 바위를 넘어
내가 보이지 않아도

너는 잊지 않을 테니
언제든 찾아오너라

꽃 알맹이

들에 핀
꽃 알맹이가 날아간다

눈송이처럼
흩어지며 날아간다

날아가다
지치면 다시 꽃을 피우리라

소식

타협하지 못했나 보다

마음으로 기도하며
몸부림치고 애원하였을

소식 끊긴 지 어느 해
10월 찬 바람 부는 오후

안부가 아닌 부고로
소식을 전해 올 줄은 몰랐다

오월

오월의 빛은
따사롭고 화창하며
하늘은 푸른 바다같이
푸르르다

이렇게 좋은 날
꽃은 피고
봄바람도 불어와

내 귀에
속삭이는 것은
꽃향기인가
바람의 숨결인가

오월은
포근한 내 마음의 계절이다

낚시

미끼인 줄 알면서
고소한 냄새에 또 걸린다

입질에
동그란 눈동자 굴리고

빠른 챔질에
무거운 손맛을 본다

자전거

페달을 밟고
언덕길을 올라간다

으쌰으쌰

앞바퀴를 따라
뒷바퀴도 함께
힘을 낸다

페달을 밟고
달려간다

휘휘

두 바퀴가
길을 따라
함께 달려간다

대화

화가 난 걸까

말을 걸어온다

난 미소로 대답했다

그렇게

대화는 시작되었다

가로등

해 넘어 노을 지고
어둠이 내리면

하루를 무사히
추억으로 포장하고

쉼터로 가는 길에
비추어 주는 등 하나

소문난 집

우리 동네
짬뽕수제비
얼큰한 게 맛있다

야들야들한 수제비가
입속으로 들어간다

단무지도 맛있다

우리 동네
들깨칼국수
냄새도 좋고 맛있다

보들보들한 칼국수가
혀를 차고 넘어간다

김치도 맛있다

얼큰한 게 생각나고
출출할 때 찾아가는 집

여기가 우리 동네
소문난 맛집이다

편지

풀잎에 맺힌
이슬방울이 떨어질 때
난 당신의 눈물을
보았습니다

낙엽이 바람에
부서지던 날
난 당신의 마음을
읽었습니다

눈물로
낙엽 위에 새긴 편지
당신에게 보내려 합니다

키다리 연필

쓰고 지우고
몇 번을 그렇게 쓰고 지운다

키다리 연필이
난쟁이 연필이 될 때까지

지우개는 조약돌만 해져
반질반질해졌다

생각이 많은 사연인 것 같다

창문 너머

창문 너머
하늘을 본다

파란 하늘이
바다를 닮았다

솜사탕처럼 맛있는
구름은 흘러가고

따스한 빛은
꿀처럼 떨어지고 있다

이유

울고 싶으면

실컷 울어도 돼

당신에게

그럴 만한

이유가 있을 테니까

동전 한 닢

열심히 살았는데

무엇이 문제였을까

바지 주머니 속에 넣어 둔

동전 한 닢

깡통 속으로 들어간다

희망

대박을 이루기 위해

매일

대박 터지게 살아간다

회상

밤하늘에 빛나는 별처럼
반짝거리며 스쳐 가는
기억들

빙빙 돌며 지나가는
추억들 속에
잠시 꿈속을 헤맨다

눈을 뜨면 다 날아갈 것처럼
기억 속에 잡아 두려
눈꺼풀을 무겁게 내려 둔다

빨랫줄

화장한 가을 날씨에
햇볕이 내려왔다

담장 너머 크고 작은
장독대를 사이에 두고

장대에 걸친 빨랫줄에
참새들이 걸터앉았다

빨랫줄에 걸린 이불과
옷가지들은

참새의 방석이 되어 준다

신나는 바다 축제

팔딱팔딱 등새우
넘실넘실 오징어
춤추는 돌고래

바람 잡는 가오리
기타 치는 학꽁치
지휘자는 백상아리

둥실둥실 신나는
바다 축제 열렸네

소라의 노랫소리는
축제를 알리고
신나는 음악 소리에

놀라는 노래미
들러리는 고등어
반짝이는 은갈치

눈치 보는 동태 눈깔
신나는 바다 축제가 열렸다

둥글게

꽈배기처럼

꼬여 살지 말고

도넛처럼

둥글게 살면 어떨까

향기

장미의 이빨이

손톱 밑에 상처를 내었다

손톱은 붉은 장미처럼

물들고

향기는 상처를 치유한다

문틈 사이로

부처님 계신 곳에
스님은 보이질 않고
참새들이 절을 지킨다

문틈 사이로
햇빛이 따스하게
대웅전을 비추고

스쳐 대는 바람에
문고리가 소리를 낸다

반질반질한 문턱 너머
촛불은 밝게 타오르고

삐그덕대는 마루에
조심스럽게 올라서니

부처님의 인자한 모습에
겸허히 고개를 숙인다

강물처럼 흘러서

산들바람 불어
낙엽 떨어지고

세월은 강물처럼
흘러만 가 버렸네

머리는
백발이 되고

굽이굽이
산등성이처럼
허리는 굽실거린다

나이를 먹고

세월이 빠르다고

아니

네가 늙어 가는 거야

기찻길

기찻길을 걷는다

둘이서
말없이 걷고만 있다

기찻길은
두 사람의 사다리가 되어 준다

꽃씨

조그만 눈

하얀 귀 털을 단 꽃씨가
날아간다

날아가다 어느 곳에
내려앉으면 꽃이 피겠지

그 꽃은 예쁘게 자라
향기를 내어 줄 것이다

향기를 내어 준 그 꽃은
가을이 되면 활짝 피어올라

잎새의 꽃님이 된다

비가 눈물이 되어

뚝뚝

내리는 비가
가슴을 때리며 운다

도망치듯
흐르는 물에
마음 놓아 버린 것이

어제이건만

눈물을 훔치며
잊기도 전에

어찌 슬퍼 저리
운단 말이더냐

신발들이 외출을 한다

여기저기
생김새도 다르고
색깔도 다른 신발들

신발장에 들어가지
못한 채
현관문 앞에 널려 있다

끈이 풀어져
깔창이 삐져나온
우산대 옆에 세워진 신발들

그 신발들이 오늘 외출을 한다

꿀처럼 달콤하게

그대 눈빛에
녹아내리는
꿀을 먹는다

그대 마음이
전해 주는
사랑을 먹는다

꿀처럼 달콤하게

선물

웃음은

신이 인간에게

내려 준

마지막 선물이었을까

2부

말하지 않아도 돼

정을 주고

눈물 한 방울에

정을 담아

아픈

이별을 전한다

말하지 않아도 돼

힘들면 말하지 않아도

아무도 말하는 사람이

없을 테니

말하지 않아도 괜찮아

짐

훅 벗어 던진 옷에서

툭 하고 소리가 난다

오늘 하루가

떨어져 나가는 소리다

여정

우울해하지 말자
바람처럼 지나갈 테니

슬퍼하지도 말자
눈물도 아까울 테니까

아픔도 잠시
행복의 여정은 긴 날이 될 테니까

비와 바람 그리고 우산

비와 바람이
단짝이 되어 불어온다

우산은 뒤집어지고
머리는 덤으로
엉클어져 산발이 되었다

지나가는 사람마다
물세례를 맞고

첨벙첨벙

차오르는 물은
발걸음을 더디게 만든다

홍시

빨갛게 잘 익은
홍시가 보인다

홍시 하나 따서
어머니께 드리고 싶은데

너무 늦어 버렸다

종착역

정거장 없는

인생 열차가

종착역에 도착하면

말할 수 있겠지

이제 괜찮다고

아버지

아버지의 어깨는 무겁다

그래서일까

나이를 먹을수록
두 어깨가 힘없어 보인다

아버지의 존재는 큰 산과 같다

그래서인지

가까우면서
멀게만 느껴질 때도 있다

아버지는 그렇다

큰 산이기에
더 무거운 짐을 지고

살아가는 건지도

벚꽃

4월
벚꽃이 피었다

하얗고 붉게 핀 꽃들이
산이면 산마다

거리면 거리마다
화려하게 피어올랐다

여기저기
셔터를 누르는 소리

매년 보는 꽃인데도
처음 보는 꽃처럼
마음에 담아 둔다

꽃이 지면
다시 파릇파릇한
새순이 나온다

꽃잎이 떨어져 나온
그 새순은

다시 화려한 꽃이 피어날
그날을 위해
기다리고 있을 것이다

시곗바늘

멈추지 않고

돌아가는 시곗바늘

초침은 단거리 선수

분침은 중거리 선수

시침은 장거리 선수다

촛불

어둠이어라

홀로 외로이

눈물 흘리며

임 가시는 길에

불을 밝히는구나

애쓰지 말자

잊기 위해
애쓰지 말자

시간이
해결해 줄 테니까

잊었는지
걱정하지 말자

세월이
흐르면 해결되니까

잊혀서
해결된다면 좋고

잊지 못해
힘들면 버티면 되지

배꽃

꽃이 피었다
배꽃이 활짝 피었다

배나무는 앉은 자세로
하늘을 보고

하얀 배꽃 향기는
열매의 단맛을 상상한다

조금만 기다리면
주렁주렁 열매가 열리고
배꽃은 외면한다

햇빛도 바람도
도움의 손길을 주고

잘 자란 열매에
농부는 웃을 입힐 것이다

엄마 품에서

초롱초롱

까만 포도알 눈을 가진
어린아이
엄마 품에서 얼굴을 비벼 댄다

고사리 같은 오른손은
엄마 볼을 꼬집고
왼손은
엄마 가슴에 체온을 느낀다

초롱초롱

까만 포도알 눈을 가진
어린아이
엄마 품에서 분 냄새를 맡는다

눈을 깜빡이는 어린아이는
엄마 품에서 잠이 들었다

얼굴

생각하면
떠오르는 얼굴

그리움에
지난날을 그리며

눈가에 촉촉한
떨림으로

입술을 깨문다

달빛

소나무 늘어진

솔잎 가지

사이사이로

달빛이 내려앉는다

이 밤이 지나가면

고요함 속에 들려오는
작은 풀벌레 소리

밤바람이
더위를 살짝 데려가듯

이 밤도 지나가면

새벽닭 울음이
아침을 밝혀 주겠지

꽃잎

올여름
장마가 시작된답니다

비가 오면

활짝 핀 꽃잎이
고개 숙인 우산이 되겠지요

평온

흔들흔들 쓰러지듯
방바닥에 누웠더라

노곤노곤한 지친 몸에

눈꺼풀이 무거워
무너지듯 내려앉았다

선풍기 바람에 머리털 세우고
뒤척거리더니

어느새

코 피리 울리는 소리로
단잠에 빠져 버렸다

정화수

늦은 가을 저녁에
떡 한 시루 해 놓고
대청마루에서 기도를 한다

대문에도 장독대에도
정화수에 시루떡 놓고
두 손 모아 기도를 한다

할머니도 그랬듯이
어머니도 그렇게

집 안 여기저기에
시루떡 한 조각 놓고
정성스레 기도를 한다

우물가에 담장에도
막걸리 한 사발 올려놓고
돌아가며 기도를 한다

할머니도 그랬듯이
어머니도 그렇게

노을

아름답게 지고 있다

나에게도

노을이 지고 있다

먼지가 되어

한 줌의 흙이
먼지가 되어
날아간다

하나의 사랑이
씨앗이 되어
날아간다

먼지가 된 사랑이
씨앗이 되어서

다이어트

냄새가 좋다

한 꺼풀 살갗에
가려진
포동포동한 속살

살이 쪄도 쪄도
걱정이 없는
너는 삼겹살이다

아카시아

너의 맛있는 향기가
나의 코털을 간지럽힌다

올해도 잊지 않고 와 준
너는

가로수로 피어나 향기를 선물하고
꽃잎에 날아가 입맞춤을 한다

너의 맛있는 향기가
나의 입술을 간지럽힌다

올해도 잊지 않고 와 준
너는

가로수 길목에 향수를 뿌리며
꿀벌에게 날아가 인사를 한다

너의 이름은 아카시아꽃이다

가을처럼 익어 가자

가을이 다가온 자리에
열매가 익어 간다

산과 들이
울긋불긋 물들어 간다

해가 지는
저녁노을을 보며 기도한다

가을처럼
그렇게 익어 가자고

단풍

푸른 잎에서
노랑 빨강 색으로
변해 버렸다

순백의 알몸을 숨기려
알록달록 화려하게
옷을 입었다

가을이 오면
울긋불긋
예쁘게 차려입는다

너의 마음

먹구름에 숨겨진
너의 모습

알고 싶어진다

비를 내리는
알 수 없는 너의 마음을

출근길

뛰어갔다

기다린다

그냥 지나간다

맷돌

노란 콩을
입에 넣어 주면
씹고 씹어 뱉어 낸다

한참을 씹고 나면
알갱이는 으스러져

고소한 단백질로 변해
거품 물고 토해 버린다

잠꼬대

잠꼬대를 한다

고개 돌려
슬그머니 바라본다

아픈 눈물이
베개로 스며들어 간다

횡단보도

오선지는 검은 줄
횡단보도는 하얀 줄

오선지는 가는 줄
횡단보도는 넓은 줄

깜박이는 신호에
발걸음을 재촉한다

청춘이 머물고

청춘이 머문 두려운
세월을 잡지 못했다

소리 없이 흘러가는
세월을 어찌 탓할까

희끗희끗하던 머리는
어느새 백발이 되어

밤마다 뜬눈 지새고
아침을 맞이하니

말없이 가는 세월도
그저 야속하더라

열심히 해야지

열심히 해야지

그 말에

난

보이지 않는

철창 속에 갇혔다

희망의 등대

저 넓고 먼 바다
거친 파도 물결 위에

고깃배 들어오는 길목
희망이 되어 주니
안도의 숨을 쉬어 간다

언제나 변하지 않고
어둠을 밝혀 주는
그대의 이름은 등대다

고마운 사람

생각 없이
그냥 지나친다

망설이다
말하지 못하고

고맙다는 말을
고마운 사람한테

선인장

척박한 곳에서
물과 바람이 없어도
원망하지 않는다

주어진 대로
욕심내지 않으며
꽃을 피운다

가시 돋친 모습으로
따가운 시선을 받아도
흔들리지 않는다

크고 작은 것에
생김새는 달라도
열정적으로 살아간다

내 동생

해야 해야 네가 빛나는
해인 줄 알았더니

달아 달아 네가 밝은
달인 줄 알았더니

내 동생
얼굴만 못하더구나

얼굴 보고 말 한마디
해 주면 좋으련만

불러도 불러도
입 꾹 다물고 가더니
오지 않는구나

이제는 볼 수도 없고
만나지도 못하니

마음으로 소식을
물어야 되는 것이
너무 슬프구나

허공

바람이
내 가슴에
구멍을 냈다

비가
흔적 없이
다 가져갔다

빨간 벽돌

구멍 뚫린
빨간 벽돌 하나가
지붕 밑에서 숨을 쉰다

서 있기도 하고
누워 있기도 하고
두 콧구멍으로 숨을 쉰다

동백꽃

동백꽃이 아름다워
눈이 부셔라

분홍색 빨간색 흰색
꽃망울
잎새는 연두색이라네

겨울바람 견디고
꽃을 피우니
아름다움이 더해라

동백꽃이 아름다워
눈이 부셔라

마디마디 잎새에
꽃망울
따뜻하게 웃어 준다네

봄소식에
여름 지나 가을이 오면

꽃망울 살찌워
겨울 꽃 피운 향기에
겸손한 아름다움이 더하더라

고등어

연탄불에 올려진 석쇠에
고등어가 익어 간다

지글지글 소리를 내며
익어 간다

석쇠 사이로 떨어지는
기름에
구수한 고등어 냄새가
올라온다

잘 익어 가는 고등어

껍질이 노릇노릇하게
부풀어 오른다

이제 맛있게 다 익으면
보슬보슬한 흰쌀밥에
한 점 올려서 먹어야 되겠다

조각난 집

저기 보이는
칸칸이 쪼개진 집

성냥갑 포개 세운
높고 높은 건물
그 사이로 불빛이 보인다

길목 위에 세워져
하늘을 바라보지만
땅을 지고 있는 모습이
버거워 보인다

퍼즐 맞추어 만들어 낸
조각난 아파트

우리들은 그곳에 살고 있다

설날

할아버지 할머니
웃음소리

손주 손녀
멀리서 온 자식들

이불 속에서
지나온 얘기로
밤을 지샌다

구들방에
엉덩이는 익어 가고

이불 뒤척이다

헛기침 소리에
창문 열어 보니

아침 서리가

마중을 나왔다

난로

송편처럼 생긴
시커먼 석탄이 익어 가면
온 교실은 따뜻해진다

아침에 등교하면
차가운 마룻바닥 때문에

두꺼운 양말을 신고서도
발을 비벼 대고

칠판에
쓰이는 분필 가루 맡으며
공책에 뭘 열심히 쓰다 보면

점심시간은 아직 멀었는데
배에서 꼬르륵 소리가
들려온다

난로 위에 올려놓은 도시락
오늘은 누가 어떤 반찬을

소시지는 누구 도시락에
계란프라이는 누가 숨겨 왔을까

점심시간 종소리가 울리면
달려들어 도시락을 챙겨 오고

먹기 바쁘게 친구 도시락에
눈동자가 돌아간다

그렇게
추억이 있는 난로여서
그해 겨울은 더 따뜻했나 보다

무상

밖을 보며 멍때린다

아무 생각 하지 않으려
애쓴다

뭐 하냐고 묻는다면
대답할 필요가 있을까

멍때리는 데
이유가 있어야 되는지

앙금앙금

고소한 커피 한잔
음악에 젖어든다

하늘도 보고
지나가는 사람도

저 멀리
달려가는 차들도 본다

음악과 커피 내리는 소리

분위기 있는 카페에서
하루를 정리하는 순간이다

비상구

앉아서

무슨 생각을 하는지
표정이 일그러진다

옆에서 헛기침을 해도
모른 척 빠져 있다

오랫동안

비상구를 쳐다보며
그렇게 앉아 있었다

탈출하고 싶어서일까

하루를 보내며

소주 한잔에

오늘도 잊으려 한다

말없이 지나가는 것에

감사하며

지나고 보니

그래

별거 아니었는데

왜 그랬을까

밤새는 줄 모르고

오랜만에 만난 친구
반갑다

추억 속에
지나간 옛 얘기에

밤새는 줄 모르고
어둠을 붙잡아 둔다

세월 지나 만난 친구
그리웠다

이런저런
묻어 두었던 사연에

시간 가는 줄 모르고
아침이 밝아 온다

선재길

천년의 옛길을 걸으며
계곡에서 흐르는 물소리를
담았다

곧게 뻗은 나무가
번뇌를 버리고 해탈하듯
껍데기를 벗는다

햇살을 벗 삼아
업의 다리를 건너면서
마음의 짐을 내려놓는다

3부

모두 잊힐 테니까

밴댕이 소갈딱지

속앓이를 하지만
알아주지 않는다

서운해서 고개 숙여
침을 삼키지만

얼굴을 붉히며
핀잔을 준다

서러움이
가슴 깊이 스며들어

아픔이 눈물을
뱉어 내지만

까맣게
타 버린 마음에
속 좁다 한마디 한다

눈물의 의미

가끔 눈물이
날 때가 있다

스쳐 지나가는
그림자에

준비 없는 마음이
넘어져

흘리는 눈물이었다

우리들의 행복한 밤

달리고 달려서
가는 곳

모이고 모여서
다 같이 모여서

지지고 볶고
그렇게 웃다 울고

해가 저물어 갈 때
장작을 피운다

구수한 냄새에
혀끝이 흥분하고

모락모락
올라오는 연기에

한잔 두잔
주거니 받거니 하며

몸은 열꽃을 피우고

우리의 정다운
이 밤도 맛있게 익어 간다

수국이 필 때

초여름 문턱에 수국이
피었다

파랑 분홍 연보라색
향기를 내보낸다

송이송이

포근하게 다발로 맺어
웃음으로 말한다

초승달이 뜨면

가지에 걸린 초승달

찬 바람에 흔들리고

그리워하는 마음

달빛에 담아 보낸다

키조개

입 다물고 있다가

열 받더니

크게 하품을 하고

성질을 부리며 침을 뱉는다

낙지랑 콩나물

낙지가
콩나물에 묻혔다

빨간 양념 속에
빨판도 함께
숨어 버린 낙지

홍합탕은 덤이고
계란찜 한 수저 들어간다

낙지의 피날레는
역시
김이 날아든 볶음밥이다

비둘기 열차

역마다 쉬었다 가는
굼벵이 열차

계란이 있어요
콜라 사이다

지나가며 외치는
정겨운 목소리

희미한 기억 속의
추억의 열차

발판에 걸터앉아
통기타 소리와

젊은 청춘을
비둘기 열차에 그린다

어머니

채우고 채워도
모자라는 빈자리

아직도 잊지 못해
떠나지 못한다

깊은 정 다 내어주고
돌아서지 못한

목이 마른 사랑을
아직도 잊지 못한다

내 삶에
어머니의 빈자리는
크고 깊은 그림자였다

꽃보다 아름다워

길가에 하얀
민들레가 피었다

쪼그려 앉아
민들레 사진을 찍는다

뭐 하냐고 했더니
"꽃이 예뻐서요"라고 말한다

민들레꽃보다
그 마음이 더 예쁘다고
말해 주고 싶다

그리고 오늘

눈물이 땀이 되고
걸친 옷이 향수에 젖어

쉬어 가는 시간의 여유도
사치라며

말없이
세월에 몸을 던진다

토요일

하루가 빨리 지나갔다

어제도

오늘만 같았다면

빨리 지나갔을 텐데

입맞춤

우산 위로 떨어지는

빗방울이

내

발등에 입맞춤을 한다

과일 이야기

노랗게 익은 참외가
단맛을 뽐낸다

푸른 줄무늬 수박이
빨간 속내를 드러내며
웃는다

잘 익은 복숭아는
솜털을 올려 세우고

붉게 물든 자두는
수줍게 볼을 만지며
하트를 날린다

유아차

검정 고무신에
꽃무늬 옷을 입고

지팡이 대신
유아차에 의지한다

긴 챙 모자에
손수건 둘러매고

허리 접어
유아차 손잡이에
몸을 맡긴다

올림픽

세계인의 축제

4년을 기다려 온
열정으로
최선을 다하는 선수들

피맺힌 한을 풀기 위해
긴장 속에 열의를 다한다

열광 속에
흐르는 땀이 꽃피고

박수갈채에
마지막 힘을 다해서
감동의 눈물을 선물한다

점심을 먹고

의자에 앉아
살며시 눈을 감았다

바람이 살짝
눈꺼풀에 부채질할 때

피로가 슬그머니
눈치를 보며 도망을 간다

참외밭을 지나며

길을 가다
눈치를 본다

고개를 숙인다

아무도
보지 않았다

손 편지

한자 두자
생각을 담는다

한줄 두줄
마음을 적는다

비밀

너와

나의

숨은 얘기는

꼭

지켜 주길 바랄게

모두 잊힐 테니까

생각이 많아 힘들고
고민이 많아 아파도

용기가 없어
마음속에 담아 두었다

살을 갉아 먹고
뼈가 가루가 되어

고독한
슬픔이 되기 전에

힘들다고 말해 버릴까

사는 동안에

음악엔 악보가 있고

노래엔 가사가 있고

인생엔 사연이 있다

이중인격

예쁜 꽃을 보며

향기가 좋다고 한다

그 꽃을 꺾으면서

얼마나 지났을까

반쯤 눈꺼풀이 잠긴 채
들어온다

슬픈 일

아는 체하고 싶지만
상처받기 싫다

아프니까

얼마나 지났을까

그렇게
긴 시간은 흘러갔다

열매

새벽에 부는 열정이
아침을 열었다

이마에 맺힌 땀방울은
빛나는 보석이 되어

아름다운 열매를 맺는다

여백

하얀 원고지에
시를 그려 본다

시상을 떠올리며
감정에 펜을 세웠다

그림자처럼
사라져 가는 것을

추억이라 말하며
여백을 채워 간다

길

처음 가는 길
두렵다

가 보지 않은 길
힘들다

그래도
가지 않으면 모르는 길

고소한 봄

냉이 나물에 고추장
참기름도 듬뿍

콩나물은 덤으로
깨소금도 조금

휘적휘적
고소하게 한 솥 비벼

달래된장국에
한 수저 고소한 봄을 먹는다

하얀 꽃

꽃이 피었다

조개껍데기
바람막이로
하얀 눈꽃이 피었다

바람이 지나고 나면
눈꽃 가루가 떨어진다

꽃을 피운
스파티필룸인 것을

가슴에 안겨서

엄마의
가슴에 안겨
젖꼭지를 문다

말로 표현조차
할 수 없는
사랑을 먹는다

엄마의
뼈와 살이 만든
진한 사랑을 먹는다

딸기

맛있는 냄새가 난다

깨 볶는 냄새는 아니다

빨갛게 익은 열매가
대롱대롱 달려 있다

고소한
깨 한 바가지 뒤집어쓰고

빨갛게
겨울 한철 기다린다

지금보다는

인생에

정해진 목적지가 있어

그곳으로 가는 길이었다면

지금보다는

뭐가 달라졌을까

죽음

언젠가는 죽는다

막연하지만
당연한 기다림이다

죽음을 생각하며
두려워하기보다는

삶의 영역으로
진실하게 살 수 있지 않을까

꿈의 이야기

꿈을 꾸며 산다

현실과
맞지 않더라도 괜찮다

알아주지
않아도 섭섭하지 않다

내가 꿈꾸는
나의 이야기가 될 테니까

얼룩진 손수건

장롱 속에 숨겨 둔
빛바랜 손수건

누렇게 얼룩진
냄새나는 손수건

눈물을 닦으며
위로가 되어 주던 손수건

세월에 묻어 둔 채
잊고 살았다

가을바람

가을바람이 분다
가로수가 춤을 춘다

마른 햇빛 줄기에
양산 펼쳐 들어 길을 간다

정겨운 말소리에
가을바람도 동반자가 된다

맥문동

꽃이 예쁘다고

웃음 짓는
마음이 아름다운 사람

“보라색을
좋아하나 봐”라고 말한다

백미

가을이 되면

고개 숙인 채

하얀

속살을 드러낸다

밤하늘

해가 넘어졌다
달님이 일어났다

어두운 밤하늘에
빛나는 별들이 앉아 있다

얼마나 지났을까

달님이 숨어 버리고
별들도 모두 떠나갔다

베네치아

비가 오는 날인데
연인들 그리고 가족들
친구들과 자리를 채운다

벽면 스크린에
햇빛이 반짝이는 대운하
베네치아 건축물들의
아름다운 향연이 펼쳐진다

아메리카노
아이스커피에 얼음 띄워
빨대를 꽂는다

한 모금 두 모금
시원한 커피를 마시며
스크린 속의 베네치아로
여행을 간다

그냥 좋다

바라보고 있어
그냥 좋다

말하지 않아도
그냥 좋다

둘이 같이 있어
더 좋다

그림 그리듯이

그림처럼
하나의 붓으로

원하는 색상과
생각하는 모습으로

살아가는 일상을
원하는 대로

그려 나갈 수 있다면

기다림

조마조마하며
기다린다

창자가
꼬여 가는 아픔처럼

기다림에
익숙해질 만도 한데

오늘도
그렇게 지나간다

살아 보고서

처음인데
처음이라 잘 모르는데

그것도
모르냐고 물어본다면

나는 대답해야 했다

한번
살아 보고 말해 주겠다고

명상

나를

알아 가는 세상으로

모든 걸 내려놓고

비워야 하는 시간이다

뜨거운 여름

뜨거운 자외선에
계란 삶아 먹고

대지에서 올라오는
습도에 감자 삶아 먹는다

익는다 익는다
벌겋게 얼굴이 익어 간다

이마에 땀방울은
폭우처럼 쏟아져 흐르고

진득진득하게
옷소매는 착 달라붙어

피로의 냄새가
온몸을 감싸며 떠날 줄 모른다

오늘

난

기분 좋은

오늘을 위해

내일을 희생하기로 했다

소리샘

소리에 구멍이 생겼다

뻥 뚫린 가슴으로
소리가 들어온다

그 소리는

지나간 것이 아니라
깊은 샘을 만들었다